A ANÁLISE SWOT

PONTOS-CHAVE

- **Nome:** A Análise SWOT ou Método SWOT é um acrônimo dos termos Forças, Fraquezas, Oportunidades e Ameaças.

- **Utilizações:** este modelo permite às organizações (empresas, administrações públicas ou associações) identificar, rapidamente, tanto os seus fatores internos ligados ao funcionamento interno quanto os fatores externos que dependem do ambiente em que está evoluindo. A análise SWOT é utilizada como um instrumento de tomada de decisão e para facilitar o desenvolvimento de planos estratégicos.

- **Por que é bem-sucedido?** O poder da análise SWOT reside na sua simplicidade. Além de ser fácil de usar, também fornece resultados que podem ser facilmente comunicados ao público.

- **Palavras-chave:**

  - <u>Fator externo</u>: um elemento que uma organização não pode influenciar, ligado ao ambiente onde ele evolui.

  - <u>Fator interno</u>: um elemento que pode ser influenciado ou modificado pela organização.

  - <u>Pontos fortes</u>: fatores internos da empresa que reforçam a sua posição competitiva.

A ANÁLISE SWOT

Uma ferramenta chave para o desenvolvimento de estratégias empresariais

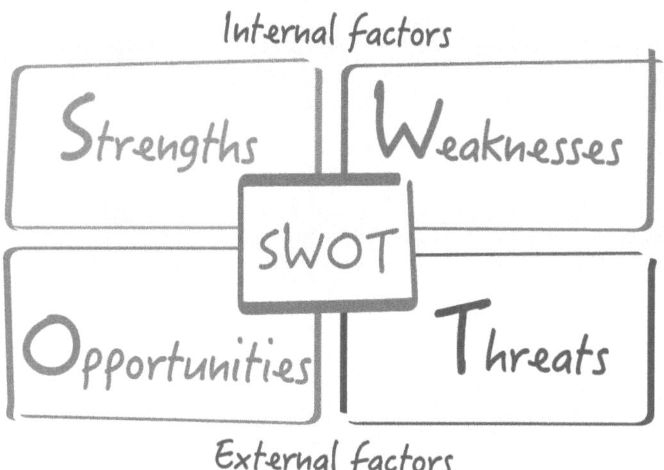

A ANÁLISE SWOT

Uma ferramenta chave para o desenvolvimento de estratégias empresariais

escrito por Christophe Speth
traduzido por Alva Silva

50MINUTES.com

- Pontos fracos: fatores internos que enfraquecem a posição competitiva de uma organização.

- Oportunidades: fatores externos que têm o poder de influenciar positivamente a posição competitiva de uma organização.

- Ameaças: fatores externos que influenciam negativamente o ambiente externo de uma organização.

INTRODUÇÃO

História

A análise SWOT teve origem na publicação *Política de Negócios: Texto e Casos* (1965), criado por quatro professores da Universidade de Harvard – Edmund Philip Learned (1900-1991), Roland Chris Christensen (1919-1999), Kenneth Richmond Andrews (1916-2005) e William D. Guth. Este método é um dos primeiros modelos a considerar o ambiente externo de uma organização. Antes, os modelos estratégicos limitavam-se ao planeamento estratégico, sem levar em conta o seu ambiente.

Atualmente, a análise SWOT é principalmente utilizada dentro dos departamentos de marketing das grandes empresas. Muitas PMEs (pequenas e médias empresas) também a utilizam como um instrumento de tomada de decisão.

Várias empresas de consultoria também utilizam a análise SWOT porque lhes permite analisar rapidamente a situação e apresentá-la aos seus clientes de forma esquemática e mais simples. Outras empresas, como a McKinsey e a BCG, têm os seus próprios modelos de análise.

Definição

A análise SWOT é uma ferramenta multidimensional para a análise estratégica, que consiste em:

- identificar os fatores internos de uma organização (pontos fortes e fracos) e os seus fatores externos ligados ao seu ambiente (fraquezas e ameaças);

- permitir às organizações dar prioridade aos fatores em termos de impacto esperado, quer sejam positivos (forças e oportunidades) ou negativos (fraquezas e ameaças).

Uma análise SWOT não tem valor intrínseco, a menos que seja utilizada para fins estratégicos.

TEORIA

A análise SWOT investiga a situação atual de uma organização em um determinado momento, de uma forma prospectiva, em oposição a uma retrospectiva. Analisa também a estrutura, tendo em mente as perspectivas futuras. Ao mesmo tempo, a análise SWOT concentra-se na funcionalidade interna (pontos fortes e fracos) e no ambiente externo (oportunidades e ameaças) de uma organização.

- **Os pontos fortes** são elementos de uma organização que influenciam positivamente o seu desenvolvimento e a sua posição competitiva. Em geral, os pontos fortes são considerados particularmente significativos, uma vez que não caracterizam a concorrência. A análise SWOT identifica as vantagens competitivas detidas por uma empresa em relação aos seus concorrentes.

- **As deficiências** estão também ligadas ao funcionamento interno de uma organização, mas têm, geralmente, um impacto negativo no seu desenvolvimento e na sua posição competitiva. A capacidade de identificar claramente as fraquezas internas de uma organização é vital: permite a melhoria de questões relevantes e a reorientação do trabalho de modo a torná-las menos vulneráveis.

- **As oportunidades** para uma organização dependem das disponíveis no ambiente externo. Podem ser exploradas para melhorar a progressão e a posição competitiva. Uma vez feito isto, podem tornar-se forças que influenciam positivamente o desenvolvimento de uma organização.

- **As ameaças** também têm origem no ambiente externo de uma organização. A sua identificação é, frequentemente, o resultado de um trabalho estratégico tradicional. Desde que sejam detectadas a tempo, as ameaças podem ser melhor antecipadas e o seu impacto no desempenho reduzido (e vice-versa).

Às vezes, as ameaças podem se tornar pontos fortes. Da mesma forma, as oportunidades podem se transformar em fraquezas. De fato, dado que a organização não se desenvolve apenas no seu ambiente, o seu futuro também depende das decisões tomadas pelos concorrentes.

FATORES QUE INFLUENCIAM A EVOLUÇÃO DE UMA ORGANIZAÇÃO

Em termos de funcionamento interno, muitas características precisam ser levadas em conta para identificar os pontos fortes e fracos de uma organização, incluindo as descritas a seguir.

- **Competitividade de custos.** Um dos primeiros aspectos que tornam uma empresa competitiva é a sua capacidade de manter os custos baixos. A fim de gerir os custos, deve-se controlar de perto a eficiência da técnica de produção (é possível produzir mais utilizando menos?), bem como a alocação de recursos (deve-se substituir o capital por mão de obra?). Pode surgir um conflito entre a competitividade dos custos e a proteção dos trabalhadores. Por exemplo, se normas sociais e ambientais mais baixas podem reduzir os custos, isso não significa que não tenha um impacto (negativo) nos trabalhadores.

- **Capacidade de rede e distribuição.** A estrutura da empresa tem uma rede de distribuição eficaz? Em particular, garante um bom serviço de entrega (alta taxa de produtos que chegam a tempo, baixa taxa de rupturas, baixa taxa de erros etc.)? Consegue racionalizar os custos de distribuição (custos globais suficientemente baixos de armazenamento e transporte de mercadorias)? Um possível compromisso entre a qualidade do produto, o tempo de entrega e os custos de distribuição é a redução dos níveis de estoque. Esta estratégia baseia-se na utilização crescente das novas tecnologias de informação e comunicação (NTIC). Muitas vezes referida como "produção *just in time*", significa que uma empresa fabrica um produto quando este é encomendado pelo cliente e é entregue em um prazo muito curto devido à sua rede de distribuição eficaz.

- **Vendas e marketing.** O departamento de marketing desempenha também um papel crucial no sucesso de uma empresa. Estará em condições de antecipar as necessidades dos clientes? É capaz de lançar campanhas publicitárias a fim de atrair clientes? Uma boa estratégia de marketing é uma força inegável para qualquer empresa.

- **Recursos financeiros.** A estabilidade financeira suficiente é um bem real para uma organização. De fato,
  a capacidade de aumentar a liquidez desempenha
  um papel importante, uma vez que é essencial para o
  lançamento de qualquer projeto de expansão.

- **Recursos humanos.** A gestão dos recursos humanos é um aspecto muitas vezes negligenciado pelas
  empresas, administrações públicas e associações.
  No entanto, é importante que cada estrutura possua
  certas competências. Pode ser preferível para uma
  organização passar mais tempo encontrando uma
  pessoa adequada em vez de recrutar apressada-
  mente um candidato que não corresponda ao cargo.
  Em um sentido mais geral, é importante que as
  empresas estabeleçam um sistema de comunicação que permita ótimas relações de trabalho entre
  colegas.

- **Política de inovação.** A um nível mais estratégico, e
  na nossa própria economia, cada vez mais empresas
  – e universidades – estão lutando para patentear o
  número de inovações de que são capazes. A posse de
  patentes deve ser acompanhada de uma visão estratégica, permitindo aos proprietários apresentar a uti-
  lidade e o valor das suas inovações. São também
  influentes ao negociar a utilização dos seus produtos
  patenteados com outras empresas.

Em termos do ambiente externo, muitos fatores influenciam as oportunidades e ameaças enfrentadas por
uma organização, incluindo os descritos abaixo.

- **Clima econômico.** A presença ou ausência de um forte crescimento econômico tem, certamente, um impacto na situação de diferentes organizações. Uma atividade econômica sólida permite a uma empresa aumentar o seu crescimento. Da mesma forma, uma empresa em dificuldades que perde as suas quotas de mercado pode, às vezes, evitar a falência em tempos de rápido crescimento econômico, porque o crescimento pode compensar parcialmente as fraquezas de uma empresa. Podemos assumir o resultado oposto em casos de recessão econômica.

- **Tendências globais de consumo.** Outro aspecto que não deve ser negligenciado pelas empresas é a progressão das necessidades dos consumidores. Se a proposta de valor for consistente com as novas necessidades, a progressão é positiva. Se as necessidades se afastarem da proposta de valor, a progressão é negativa. A fim de evitar isto, o departamento de marketing pode tentar antecipar as mudanças utilizando diferentes ferramentas, tais como o ciclo de vida do produto que detalha as diferentes fases de um produto (desenvolvimento, lançamento, crescimento, maturidade e declínio).

- **Ambiente competitivo.** A evolução do ambiente competitivo também desempenha um papel fundamental. As maiores empresas com melhor desempenho ou as mais propensas a iniciar uma guerra de preços podem ter um impacto negativo na rentabilidade de uma empresa.

- **Ambiente regulamentar.** A evolução dos regulamentos também pode criar uma ameaça se uma estrutura não estiver preparada para os enfrentar. No entanto, em certos casos, permite às empresas evitar os seus concorrentes se estiverem menos preparadas para competir.

Agora que compreende os fundamentos teóricos da análise SWOT, pode se divertir e criar a sua própria análise como estudante ou trabalhador. Por exemplo, se estiver no meio dos seus estudos, pode ter excelentes conhecimentos gerais (força), mas algumas vezes tem dificuldade de expressar as suas ideias por escrito (fraqueza). Como estudante, tem acesso a um número considerável de opções, tais como Erasmus ou estágios (oportunidades). No entanto, as mudanças no custo de vida podem, infelizmente, causar problemas para você (ameaça).

LIMITAÇÕES E EXTENSÕES

CRÍTICAS

Os teóricos e profissionais geralmente concordam que os resultados de uma análise SWOT podem levar a uma análise rápida da situação, que permanece aproximada e incompleta. Além disso, os diferentes aspectos da análise SWOT não se excluem necessariamente uns aos outros.

Por exemplo, um novo regulamento pode ser visto tanto como uma ameaça quanto como uma oportunidade para um negócio. Os consultores Terry Hill e Roy Westbrook publicaram um artigo seminal *SWOT Analysis: It's Time for a Product Recall*, que traz à tona os limites inerentes a uma análise SWOT, os quais podemos observar a seguir.

- Em primeiro lugar, permanece essencialmente descritivo. Foi demonstrado em certos casos que isto o torna ineficaz, uma vez que não orienta o processo de tomada de decisão de uma forma ou de outra. O diagnóstico de uma análise SWOT poderia ser excelente, mas se as decisões tomadas antecipadamente não forem corretas ou não forem corrctamente implementadas, é inútil. Podemos, portanto, ver que a análise SWOT não é realmente um meio de vantagem competitiva.

- Não podemos ignorar os custos envolvidos no estabelecimento de uma análise SWOT porque requer uma taxa para os consultores internos e/ou externos. Às vezes, é preferível não ser restringido por um modelo de gestão que limita a criatividade.

- Outro risco advém de não se dar prioridade aos fatores identificados de acordo com a análise SWOT por ordem de importância e de se concentrar em pormenores insignificantes. Além da perda de tempo, isto poderia ter um impacto desastroso em uma organização se esta gastasse em recursos para eliminar problemas menores.

OUTROS MODELOS

Existem outros modelos que parecem tão eficazes quanto a análise SWOT e que facilitam igualmente a tomada de decisões. A análise das cinco forças por Michael E. Porter (professor universitário americano, nascido em 1947) avalia, por exemplo, os constrangimentos a que uma indústria está sujeita. Outros concentram-se na interação estratégica entre concorrentes (por exemplo, decisões ligadas à quantidade de produção e fixação de preços). Fornecem uma abordagem menos abrangente, mas continuam sendo instrumentos poderosos para avaliar o poder da concorrência dentro das indústrias em questão.

As cinco forças de Porter

O modelo das cinco forças de Porter permite a uma empresa analisar o seu ambiente competitivo. Identifica cinco forças que são capazes de influenciar o panorama competitivo de uma indústria, as quais estão descritas abaixo.

- A limitação mais evidente enfrentada por uma empresa é a **existência de concorrentes diretos.** No entanto, a intensidade da rivalidade entre empresas não depende sistematicamente da existência de uma série de empresas em concorrência: é possível que duas empresas da indústria A possam estar em uma batalha de preços enquanto quatro empresas da indústria B formam um cartel estável e lucrativo.

- A **ameaça de novos participantes** pode também desencorajar uma empresa de fixar preços elevados, mesmo em casos de monopólio. Esta ameaça nem sempre é crível se existirem barreiras significativas na entrada e saída da indústria, caso em que o retorno é insignificante. Algumas empresas investem em um excesso de capacidade a fim de produzir mais se chegar um concorrente (o que efetivamente reduz os preços e diminui o lucro dos novos participantes). Estes novos participantes, estando geralmente atualizados em relação a este excesso de capacidade, estão menos inclinados a lançar.

- As empresas devem estar cientes dos **produtos e serviços que poderiam substitui-los**. Se olharmos para o exemplo do transporte de média e longa distância (entre 300 e 1000 km), os trens de alta velocidade tornaram-se um sério substituto para as viagens aéreas na Europa Ocidental nas últimas décadas (o que levou a uma racionalização do setor aéreo com o aparecimento de operadores de baixo custo, como a Ryanair e a easyJet).

- **O poder de negociação entre fornecedores e clientes** pode ter um impacto decisivo na rentabilidade de uma empresa. Geralmente, pode-se dizer que clientes e fornecedores podem obter melhores preços quando há apenas algumas empresas e potenciais novos operadores no mercado.

A concorrência oligopolista e a presença de cartéis

Alguns modelos econômicos, que podemos observar a seguir, permitem-nos focar na interação estratégica entre empresas.

- **O modelo de Antoine Augustin Cournot** (matemático e filósofo francês, 1801-1877) foi criado para analisar a concorrência oligopolista (pertencente a um mercado caracterizado por um pequeno número de vendedores para um grande número de compradores). Geralmente, é utilizado até que as empresas decidam que quantidades produzir – uma decisão tomada em termos da influência na política de preços. As empresas ativas na indústria automobilística, por exemplo, têm dificuldade em aumentar a sua capacidade de produção a curto prazo (a construção de uma fábrica leva tempo). Para uma série de concorrentes, a pressão da concorrência em uma indústria ao estilo de Cournot geralmente é considerada média e limitada.

- Pelo contrário, o **modelo de Joseph Louis François Bertrand** (matemático e economista francês, 1822-1900) é utilizado até que as empresas decidam os seus níveis de preços e possam aumentar ou diminuir a quantidade produzida com facilidade. Enquanto houver concorrência como Bertrand descreve, duas empresas são suficientes para manter os lucros baixos, porque inevitavelmente se encontrarão em uma batalha de preços. Este modelo é utilizado, principalmente, por empresas em indústrias onde é fácil modificar a quantidade de produção a curto prazo em relação a tal concorrência (por exemplo, a indústria têxtil). Em geral, se houver pelo menos dois concorrentes, a pressão da concorrência em uma indústria de estilo Bertrand é muito forte. Tais indústrias são, portanto, menos atrativas para começar.

- Também é possível que concorrentes ativos dentro de uma indústria – embora isto seja ilegal – concordem explicitamente em limitar a concorrência. Isto é conhecido como um **cartel organizado**. Os acordos informais não são ilegais e são, por definição, impossíveis de provar. Se um cartel for estável, o lucro conjunto das empresas no acordo será igual ao lucro monopolista. Em resumo, as seguintes condições facilitam a formação de um cartel:

  - um baixo número de empresas;

- a capacidade de detectar e punir rapidamente aqueles que não respeitam o acordo;

- paciência suficiente das empresas participantes no acordo.

APLICAÇÃO PRÁTICA

CINCO PASSOS PARA O SUCESSO COM A ANÁLISE SWOT

1. **Identificar os pontos fortes.** Identificar os elementos que têm uma influência positiva sobre o desempenho da organização e que estão ligados ao funcionamento interno. Como mencionado no capítulo que apresenta o modelo, é útil dar prosseguimento a esta identificação a fundo, combinando o que caracteriza a situação financeira da organização, o desempenho do seu canal de distribuição, a sua imagem de marca etc.

2. **Identificar os pontos fracos.** Em seguida, identificar os elementos que têm uma influência negativa sobre o desempenho da organização e os que estão ligados ao funcionamento interno. Uma fraca capacidade de inovação, uma má comunicação e uma incapacidade de reduzir custos como outros concorrentes são pontos fracos que afetam negativamente o desempenho de uma organização.

3. **Identificar oportunidades.** Ao considerar as oportunidades oferecidas por um ambiente definido, estas são fatores externos de uma organização que poderiam ter uma influência positiva. Os aspectos a investigar são mais ou menos específicos de cada organização (concorrência, contexto econômico, jurídico e demográfico etc.).

4. **Identificar ameaças.** Ao identificar ameaças em um ambiente definido, é útil analisar os fatores externos de uma organização que possam ter uma influência negativa. Mais uma vez, os elementos que requerem investigação dependem da natureza de cada organização.

5. **Estabelecer uma estratégia.** Uma vez identificados todos os fatores internos e externos, a fase de tomada de decisão pode começar. Às vezes, isto pode tomar a forma de planejamento estratégico a longo prazo. Em outros casos, a análise SWOT só acelerará o processo de tomada de decisão levando em conta o contexto em que a organização evolui.

ACONSELHAMENTO

- É essencial apoiar as suas conclusões com números, dados e fatos. Um diagnóstico feito às pressas é a forma perfeita para tomar más decisões.

- Se possível, tente também dar suporte a cada força, fraqueza, oportunidade e ameaça. Isto elimina fatores insignificantes que não têm qualquer influência útil sobre a tomada de decisões.

- A análise SWOT só é valiosa se for utilizada em todo o seu potencial. É essencial assegurar que as decisões tomadas sejam bem implementadas.

- Ao decidir tomar decisões com base nos resultados de uma análise SWOT, concentrar todos os esforços nas decisões que a organização é capaz de pôr em prática ou controlar.

ESTUDO DE CASO – ESTABELECIMENTO TURÍSTICO NO SUL DA FRANÇA

Nesta seção, vamos olhar para um exemplo de uma análise SWOT. Foi estudado um pequeno estabelecimento turístico gerido por um casal. São proprietários de três casas de hóspedes localizadas no sul da França, na fronteira dos Alpes e da Provença. Identificadas como estabelecimentos turísticos, atraem uma base de clientes que é principalmente estrangeira, particularmente no verão. Um dos principais problemas que afetam este estabelecimento turístico é a irregularidade na procura de acordo com a estação do ano. A taxa de ocupação aproxima-se de 100% em julho e agosto, mas mal atinge os 30% durante o resto do ano. O problema de ocupação está diretamente ligado ao ambiente externo da empresa, uma vez que é evidente que o casal que dirige as casas de hóspedes não tem qualquer controle sobre as datas das férias dos clientes. No entanto, existem outros fatores que podem ser ajustados e, assim, controlados internamente a fim de influenciar as escolhas dos turistas.

Vejamos como uma análise SWOT pode ajudar a melhorar esta organização turística.

Análise do ambiente externo da empresa – ameaças e oportunidades

- **A evolução dos regulamentos** teve um impacto considerável na situação deste pequeno estabelecimento ao longo dos últimos anos. Representam uma verdadeira limitação, no sentido em que os proprietários devem, às vezes, gastar muito dinheiro para os satisfazer. Podemos, por exemplo, pensar em novos regulamentos de segurança, que podem se aplicar de forma semelhante aos grandes hotéis, uma vez que se beneficiam de importantes economias de escala (o custo médio por quarto para satisfazer os regulamentos diminui à medida que o número de quartos aumenta) e, geralmente, possuem edifícios mais modernos.

- **A evolução da política fiscal** em um país estrangeiro pode muitas vezes ter um impacto crucial nas operações de uma empresa, de uma forma indireta. No caso deste estabelecimento turístico, que atrai uma série de clientes belgas com perfis socioprofissionais mais abastados, é possível que a adaptação à tributação belga dos veículos de empresa tenha consequentemente causado uma redução das taxas de ocupação. De fato, a reforma fiscal em questão parece ter tornado a ajuda aos automóveis de empresa menos interessante para as empresas belgas, que na sua maioria fornecem gasolina gratuita ao pessoal que se beneficia de tal veículo. A utilização de um automóvel para viajar para o sul da França é particularmente útil para os belgas, particularmente os que têm crianças pequenas. Além disso, no caso de este sistema ser menos utilizado, os clientes tendem a mudar os seus hábitos e, ao mesmo tempo, a pensar em outros modos de transporte e outros destinos que estão mais distantes e menos exóticos. Este último ponto leva ao problema dos produtos e serviços de substituição desenvolvidos no modelo das cinco forças de Porter (por exemplo, viagens de avião para as quais o preço relativo representa uma concorrência significativa).

- **A evolução da tecnologia** é tanto uma oportunidade quanto uma ameaça para o jovem casal. A introdução de sites que permitem aos utilizadores reservar um quarto diretamente – sem passar pelos proprietários – alterou consideravelmente a gestão das casas de hóspedes. Esta revolução tecnológica cria uma oportunidade no sentido em que estes sites aumentam a visibilidade e podem facilitar o contato entre proprietários e turistas. Infelizmente, muitas vezes é difícil controlar a sua reputação online ao utilizar estes serviços. O hábito cada vez mais frequente de os turistas utilizarem estes sites para reservar quartos causou um quase desaparecimento de guias em papel, nos quais a infraestrutura turística é frequentemente bem referenciada.

- **O papel dos poderes públicos na promoção do turismo na região.** Os poderes públicos têm uma influência considerável sobre a atração de uma região. No caso deste estabelecimento turístico, o apoio e a promoção de locais e/ou atividades circundantes (por exemplo, locais de beleza natural, eventos esportivos pontuais etc.) pelo governo local podem atrair mais clientes.

- **A sua acessibilidade por via aérea, ferroviária e rodoviária.** Dada a dificuldade de acesso ao seu estabelecimento, recomenda-se que os gestores apoiem o desenvolvimento de propostas de investimento em infraestruturas de transporte (por exemplo, estradas, linhas ferroviárias, terminais aeroportuários etc.).

- **O ambiente econômico desfavorecido** ligado à crise teve obviamente um impacto negativo direto nos desejos dos turistas de viajar nas férias: o orçamento de despesas estimado parece, na realidade, menos importante do que em 2008. Por outro lado, o tão esperado regresso do crescimento econômico poderia ter um impacto positivo na situação deste estabelecimento.

Análise do ambiente interno do estabelecimento - pontos fortes e fracos

- **Satisfação do turista.** O nível de satisfação turística é bom. Não só é um sinal de um estabelecimento de sucesso, como também é importante, pois atrai novos clientes de boca em boca, além da reputação online criada como resultado (uma boa imagem de marca online). Muitos turistas podem tornar-se clientes fiéis e voltar todos os anos. Alguns tornam-se verdadeiros embaixadores do estabelecimento e encorajam os seus amigos e familiares a irem para lá nas férias.

- **A localização do estabelecimento turístico** é ao mesmo tempo atraente e desinteressante. O isolamento geográfico do local atrai um certo tipo de turista que deseja uma pausa em um ambiente calmo, caso em que este estabelecimento é perfeito. Este local também pode ser visto como uma fraqueza no sentido em que as casas de hóspedes são de difícil acesso por transportes públicos e estão longe das comodidades (supermercados, restaurantes etc.). Além disso, a região não é muito bem conhecida pelos turistas.

- **A proximidade a atividades e serviços turísticos.** A disponibilidade de diversas atividades esportivas, incluindo atividades sazonais (trilhos para caminhadas e ciclismo de montanha no verão; esqui no inverno) nas proximidades do alojamento é um ponto forte do estabelecimento. Da mesma forma, o local de refeições preparadas também pode colocar os turistas em contato uns com os outros. Muitos deles apreciam este contato social, mesmo que alguns prefiram a sua privacidade.

- **Perfil do cliente.** Atualmente, o estabelecimento atrai principalmente pessoas privadas. Seria interessante atrair uma base de clientes diferente. O contato com empresas que procuram organizar seminários e/ou sessões de formação de equipes é uma solução possível. Outra possibilidade é colaborar com fornecedores de serviços turísticos, tais como organizações de caminhadas.

- **Qualidade da ligação à internet.** A ligação à internet é lenta devido à localização isolada, o que constitui uma fraqueza considerável nesta era digital.

A análise SWOT permitiu-nos identificar um certo número de pontos fortes, fraquezas, oportunidades e ameaças do estabelecimento. Agora vamos observar como a combinação destes elementos pode levar à tomada de decisões estratégicas eficientes. A partir disso, é possível analisar os pontos a seguir.

- **Tirar vantagem das oportunidades.** A evolução da tecnologia pode ser aproveitada no que diz respeito à visibilidade oferecida pela internet. O estabelecimento seria sensato em registar as suas casas de hóspedes nas plataformas disponíveis, onde os potenciais clientes (pessoas à procura de um local de férias remoto) as possam encontrar. Dado que os consumidores têm um orçamento de férias inferior ao anterior, poderia ser útil para o estabelecimento adaptar a sua política de preços, tirando especial vantagem das possibilidades oferecidas pelas novas tecnologias (por exemplo, ofertas de última hora).

- **Antecipar ameaças.** Mesmo que a evolução do quadro regulamentar possa ser considerada uma ameaça a curto prazo, é também um obstáculo ao desenvolvimento de novas estruturas. A longo prazo, formarão uma excelente barreira de entrada e permitirão àqueles que se adaptarem ao novo quadro regulamentar se beneficiarem da estabilidade frente à concorrência.

- **Reforçar os pontos fortes.** O boca a boca pode ser o método mais eficaz se o estabelecimento se comunicar melhor com os seus clientes regulares, a fim de atrai-los em outras estações. A sua lealdade também pode ser aproveitada através das redes sociais.

- **Corrigir algumas fraquezas.** Para diversificar a base de clientes, a empresa poderia propor estadias a clientes empresariais (organizar uma estadia em seminários profissionais ou uma estadia temática envolvendo gastronomia, esporte ou qualquer outro equivalente).

Outras decisões poderiam também ser tomadas e outras opiniões poderiam, sem dúvida, ser consideradas, mas no final, tudo dependerá das prioridades estabelecidas pelos responsáveis do estabelecimento.

RESUMO

- A análise SWOT envolve a análise de fatores que influenciam (positiva ou negativamente) o funcionamento interno e o ambiente externo de uma organização, que pode ser uma empresa, uma associação ou uma administração pública.

- Os pontos fortes e fracos são as medidas que uma organização pode controlar. A competitividade dos custos desempenha, evidentemente, um papel determinante para o sucesso de uma empresa. Nunca se deve subestimar o papel desempenhado pela concorrência em relação a outras coisas, nomeadamente a capacidade de inovação.

- Oportunidades e ameaças estão ligadas ao ambiente externo de uma organização e não podem ser controladas por elas. Pensa-se, frequentemente, que são econômicas (crescimento ou recessão), mas é importante não ignorar outros aspectos mais específicos da indústria (mudanças nas necessidades dos clientes, ambiente competitivo e regulamentos).

- O estudo dos pontos fortes, fraquezas, oportunidades e ameaças deve conduzir à tomada de decisões ou à adoção de planos estratégicos.

- Alguns conselhos para a realização de uma análise SWOT: pense em baseá-la em fatos em vez de intuições. É crucial apoiar a sua análise com números tangíveis (por exemplo, dados financeiros).

- Atualmente, a análise SWOT é um método muito popular, particularmente nos departamentos de marketing de grandes empresas.

- A sua simplicidade continua sendo uma espada de dois gumes. Alguns autores demonstraram que a utilização da análise SWOT pode, às vezes, ter um impacto negativo no desempenho de uma organização. Os efeitos negativos podem ser uma falta de rigor ou a análise não ser seguida pelo plano de ação estratégico recomendado (segundo Terry Hill e Roy Westbrook).

- Outros modelos foram desenvolvidos para facilitar o estabelecimento de planejamento estratégico:

  - o modelo das cinco forças, criado por Michael E. Porter no final dos anos 70, centra-se, principalmente, nas restrições que influenciam negativamente a rentabilidade de um negócio;

  - outras alternativas à análise SWOT desenvolvidas no século XIX, são os modelos dos economistas franceses Antoine Augustin Cournot e Joseph Bertrand, que permitem a análise aprofundada da concorrência no contexto exigido.

LEITURA ADICIONAL

BIBLIOGRAFIA

BCV. (2015) *D'une idée à un plan*. [Online]. Acessado em 6 de junho de 2014. Disponível em: <http://www.bcv.ch/fr/entreprises/outils_et_conseils/creer_votre_entreprise/d_une_idee_a_un_plan/votre_produit_ou_service_a_t_il_un_potentiel_de_vente_sur_le_marche/preparer_une_analyse_swot>

Bouvier-Patron, P. (2011) *Entreprise et innovation. Vers l'inter-organisation innovante responsable?* Paris: L'Harmattan.

Codex Celo. (2010) *L'art de (bien) utiliser une matrice SWOT pour convaincre*. [Online]. Acessado em 6 de junho de 2014. Disponível em: <http://www.ilikepm.com/2010/08/02/lart-de-bien-utiliser-une-matrice-swot-pour-convaincre/>

Comissão Europeia. (2008) *L'analyse SWOT*. [Online]. Acessado em 6 de junho de 2014. Disponível em: <https://web.archive.org/web/20080913090043/http://ec.europa.eu/europeaid/evaluation/methodology/examples/too_swo_res_fr.pdf>

Helms, M. M. (2013) Encyclopedia of Management Theory. Quadro de Análise SWOT. Conhecimento *Sábio*. [Online]. Acessado em 6 de junho de 2014]. Disponível em: <http://www.sagepub.com/gray3e/study/chapter3/Encyclopaedia%20entries/SWOT_Analysis_Framework.pdf>

Hill, T. e Westbrook, R. (1997) Análise SWOT: Está na hora de um recall do produto. *Planeamento a Longo Prazo*. 30(1), pp. 46-52.

Lambin, J-J. e de Moerloose, C. (2008) *Marketing stratégique et opérationnel. Du marketing à l'orientation-marché*. [7ª edição]. Paris: Dunod.

Learned, E. P., Christensen, R., Andrews, K. e Guth, W. (1965) *Business Policy – Text and Cases*. Homewood: Irwin.

Mayrhofer, U. (2007) *Estratégique de gestão*. Paris: Bréal.

Porter, M. E. (2008) The Five Competitive Forces That Shape Strategy. *Harvard Business Review*. Disponível em: <https://hbr.org/2008/01/the-five-competitive-forces-that-shape-strategy?cm_sp=Article-_-Links-_-Comment>

Rousseau, B. (Sem data) Análises SWOT. *ANDLIL*. [Online]. Acessado em 6 de junho de 2014. Disponível em: <http://www.andlil.com/analyses-swot/>

Université du Québec à Montréal. (2014) *Técnica de ficha. L'analyse SWOT*. [Online]. Acessado em 6 de junho de 2014. Disponível em: <https://web.archive.org/web/20120710011319/http://www.er.uqam.ca/nobel/r20014/methodologie/SWOT.PDF>

Van Laethem, N. (2010) L'analyse SWOT: 10 conseils pour la réussir. *Le blog de la stratégie marketing*. [Online]. Acessado em 6 de junho de 2014. Disponível em: <http://www.marketing-strategie.fr/2010/05/15/10-conseils-pour-reussir-lanalyse-s-w-o-t/>

Varian, H. (2011) *Introduction à la microéconomie*. [7ª edição] Bruxelas: De Boeck.

Queremos ouvir você!
Deixe um comentário sobre a sua biblioteca online
e compartilhe os seus livros favoritos nas redes sociais!

IMPROVE YOUR
GENERAL KNOWLEDGE
IN THE BLINK OF AN EYE!

www.50minutes.com

Mestre ISBN: 9782808065511
Papel ISBN: 9782808065801
Depósito legal: D/2022/12603/109

Desenho digital: Primento,
o parceiro digital dos editores.